Frei sein

Ein Kahn kann nicht fahren, wenn ein einziges Tau ihn noch ans Ufer bindet.

Ein Fesselballon kann sich nicht erheben, wenn ein einziges Seil ihn am Boden hält.

Der Vogel kann nicht fliegen, wenn ein Flügel gebrochen ist.

Der Mensch kann nicht frei sein, wenn er sich an die Dinge des Tages bindet.

Einsicht

Die Menschen sind nicht weise,
weil sie Erfahrungen machen,
sondern weil sie
aus ihren Erfahrungen lernen.

Unterwegs

Jeder Tag ist eine volle Zeit.

Er hat Anfang, Mitte und Ende.
Darin bin ich unterwegs zu einem Ziel.

Vieles bedrängt mich und macht mich unruhig.
Ich brauche Orientierung und Ruhepausen,
um nachzudenken, um Ausschau zu halten,
um den nächsten Schritt zu wagen.

Es gibt so viele Möglichkeiten.

Drei Siebe

Ganz aufgeregt kam einer zum weisen Sokrates gelaufen: „Höre, Sokrates, das muss ich dir erzählen, wie dein Freund ..." „Halt ein!", unterbrach ihn der Weise. „Hast du das, was du mir sagen willst, durch die drei Siebe gesiebt?" „Drei Siebe?", fragte der andere voll Verwunderung. „Ja, drei Siebe. Das erste Sieb ist die Wahrheit. Hast du alles, was du mir erzählen willst, geprüft, ob es wahr ist?" „Nein, ich hörte es erzählen und ..." „So, so. Aber sicher hast du es mit dem zweiten Sieb geprüft, es ist die Güte. Ist, was du mir erzählen willst – wenn schon nicht als wahr erwiesen –, so doch wenigstens gut?" „Nein, das nicht, im Gegenteil ..." Der Weise unterbrach ihn: „Lass uns auch das dritte Sieb noch anwenden und fragen, ob es notwendig ist, mir zu erzählen, was dich so erregt." „Notwendig gerade nicht ..." „Also", lächelte der Weise, „wenn das, was du mir erzählen willst, weder wahr noch gut noch notwendig ist, so lass es es begraben sein und belaste dich und mich nicht damit!"

Vertrauen

Wisst ihr denn nicht? Habt ihr nie gehört, dass der Herr die ganze Welt geschaffen hat und sie für immer regiert? Er wird nicht müde; seine Kraft lässt nicht nach, seine Weisheit kann niemand begreifen. Er gibt den Müden Kraft, und die Schwachen macht er stark. Selbst junge Leute werden kraftlos, die Stärksten brechen zusammen. Aber alle, die auf den Herrn vertrauen, bekommen neue Kraft, als hätten sie Flügel wie ein Adler. Sie gehen und werden nicht müde, sie laufen und erlahmen nicht.

Jesaja 40,28–31

Wahrer Gewinn

Reich ist man nicht durch das, was man besitzt, sondern mehr noch durch das, was man in Würde zu entbehren weiß, und es könnte sein, dass die Menschheit reicher wird, indem sie ärmer wird, und gewinnt, indem sie verliert.

Immanuel Kant

So spricht Gott:

Ich gebe euch
ein neues Herz
und einen neuen Geist.

Ich nehme
das versteinerte Herz
aus eurer Brust
und schenke euch
ein Herz, das fühlt.

Ich erfülle euch mit meinem Geist
und mache aus euch Menschen,
die nach meinem Willen leben,
die auf meine Gebote achten und sie befolgen.

Ezechiel 36,26–28

Klarheit

Der Anfang, das Ende,
o Herr, sie sind dein.
Die Spanne dazwischen,
das Leben, war mein.
Und irrt ich im Dunkeln
und fand mich nicht aus,
bei dir, Herr, ist Klarheit
und licht ist dein Haus.

Fritz Reuter

Tag um Tag
Wegsuche – Gedanken, die begleiten

© Hans Thoma Verlag GmbH, Karlsruhe 2001
Textauswahl: Hans Dieter Wolfinger
Satz: Bernhard Kutscherauer
© Konzeption und Bilder: SKV-EDITION, Lahr/Schwarzwald
Bildnachweis:
Umschlag: G. Hartmann
Innenteil: S. 1:   M. Essler
           S. 3:   Design Erika Burk
           S. 4:   G. Weissing
           S. 5:   B. Kottal
           S. 7:   H. Herfort
           S. 8:   Ch. Palma
           S. 9:   V. E. Janicke
           S. 11: W. Rauch
           S. 12: Promo Graph/HUBER
           S. 13: Ch. Palma
           S. 15: G. Hettler

Quellen der Texte:
S.1, 2, 4 und 6 aus „Ja zu jedem Tag", Schriftenmissionsverlag Gladbeck und Verlag Katholisches Bibelwerk Stuttgart
ISBN: 3-87297-146-8
Druck: St.-Johannis-Druckerei, Lahr